La Breve Historia

de Pol Pot

Ascenso y Reinado de los Jemeres Rojos, Revolución, Campos de Exterminio de Camboya, Tribunal y Colapso del Régimen Comunista

Descargo de responsabilidad

1

Introducción

Saloth Sar (provincia de Kampong Thum, 19 de mayo de 1925 - Anlong Veng, 15 de abril de 1998), más conocido como Pol Pot (jemer: ប៉ុល ពត), fue un revolucionario maoísta camboyano que dirigió los Jemeres Rojos desde 1963 hasta su muerte en 1998. De 1975 a 1979, fue Primer Ministro de Kampuchea Democrática. Pol Pot se convirtió en líder de Camboya el 17 de abril de 1975.

Durante su gobierno, instauró el socialismo agrario, obligando a los habitantes de las ciudades a trasladarse al campo para trabajar en granjas colectivas y realizar trabajos forzados. Los efectos combinados de los trabajos forzados, la desnutrición, la escasa atención médica y las ejecuciones provocaron la muerte de cerca del 21% de la población de Camboya. En total, se calcula que bajo su mandato murieron entre 1,5 y 2 millones de personas.

En 1979, tras la invasión vietnamita de Camboya, Pol Pot huyó a las selvas del suroeste de Camboya y el gobierno de los Jemeres Rojos se derrumbó. De 1979 a 1997, él y un remanente de los antiguos Jemeres Rojos residieron cerca de la frontera entre Camboya y Tailandia, donde se aferraron al poder, con el reconocimiento nominal de las Naciones Unidas como gobierno legítimo de Camboya. Pol Pot murió en 1998 bajo arresto domiciliario de la facción Ta Mok de los Jemeres Rojos. Desde su muerte, siguen surgiendo rumores de que supuestamente fue envenenado.

Índice

La historia de Pol Pot

El humo negro se elevaba por encima de neumáticos de coche quemados, madera vieja y muebles desechados. En el montón de basura yacía el cuerpo de Pol Pot.

La noche del 15 de abril de 1998, había comunicado a su esposa que no se encontraba bien. Inmediatamente después murió, probablemente de un infarto. Así se puso fin a la vida de Pol Pot, de 73 años, responsable de la muerte de 1,7 millones de compatriotas.

Cuando Pol Pot nació en un pueblo al norte de la capital camboyana, Phnom Penh, en 1925, en el año del buey, no estaba escrito en las estrellas que algún día pasaría a la historia como un asesino de masas sin escrúpulos.

En plena sintonía con su horóscopo, el chico, cuyo verdadero nombre era Saloth Sar, era amable y sensible. Según la astrología, podía descontrolarse con la ira, pero nadie notó ese lado de su personalidad durante su infancia.

Incluso entre sus amigos del colegio, era conocido como un chico simpático y divertido, que no hacía daño a una mosca y tenía un rendimiento mediocre.

Había una circunstancia que diferenciaba a Saloth Sar de los pobres cultivadores de arroz de la aldea donde vivía: su familia era rica y mantenía contactos con la familia real.

Gracias a estos buenos contactos, Saloth Sar ingresó en la eminente escuela francesa de gramática Ecole Miche, en Phnom Penh, en 1935, a la edad de 10 años. Suspendía un examen tras otro y tampoco tenía mucho éxito con sus aficiones, tocar el violín y actuar.

A pesar de sus escasos logros, consiguió una beca en París en 1949. Semejante oportunidad estaba reservada sólo a unos pocos y, por azares del destino, éste era Saloth, de entre todas las personas. Su estancia en Francia no sólo tuvo consecuencias para él, sino que fueron cruciales para toda Camboya.

En casa, Saloth nunca había mostrado interés por la política, pero como estudiante en Francia, tomó conciencia

7

de la injusticia en el mundo. Muchos estudiantes eran comunistas acérrimos que admiraban al líder soviético Stalin, y Saloth Sar asistía a reuniones estudiantiles en las que el futuro de Camboya estaba en el orden del día: ¿cómo podía el país liberarse del dominio colonial francés y quién debía tomar el poder a continuación?

En 1952, Saloth se afilia al Partido Comunista Francés. Ese mismo año regresó a Camboya, sin un solo título en el bolsillo, pero con una nueva conciencia política y el sueño de fundar una Camboya independiente y sin clases.

A su regreso, quedó conmocionado: la Camboya que no había visto en tres años estaba en guerra. La lucha contra la dominación colonial francesa se había convertido poco a poco en una sangrienta guerra civil. El ejército patrullaba por toda Phnom Penh y la pobreza era evidente.

Pol Pot inicia la revolución

En 1953, Camboya se independizó de Francia, que estaba muy ocupada con la guerra contra Vietnam. El rey Sihanouk recibió todo el poder con la misión de luchar contra los comunistas, pero esto acabó en decepción para los camboyanos, que esperaban tiempos más pacíficos. Durante la década de 1960, la guerra en el vecino Vietnam se intensificó y Camboya se vio arrastrada al conflicto.

Poco después de regresar de Francia, Saloth se afilió al Partido Comunista de Indochina. Como este partido era ilegal, tuvo que operar en secreto, y lo mismo hizo Saloth, que llegó a llevar una doble vida.

Elaboró planes para una revolución armada y utilizó varios seudónimos, entre ellos Pol. Al mismo tiempo, trabajaba como profesor en una escuela pública francesa, donde impartía las asignaturas de francés, historia y geografía.

Los alumnos apreciaban mucho al apuesto y viajado profesor, que siempre vestía camisa blanca y pantalón azul oscuro. Era de voz suave y se reía mucho, a diferencia de su esposa Khieu Ponnary, también profesora, que era mucho más estricta. En la escuela,
9

Saloth Sar nunca mostró ninguna de sus simpatías políticas, se comportaba con sumisión, pero su carisma era carismático.

En 1963, Saloth Sar fue elegido secretario general del Partido Comunista, que había ayudado a fundar tres años antes en un cobertizo cercano a la estación de ferrocarril de Phnom Penh.

Durante el periodo en que Saloth Sar asumió la presidencia del partido, el rey Sihanouk se dedicó a perseguir a los comunistas. Las detenciones se sucedían, muchos comunistas eran ejecutados y otros pasaban a la clandestinidad. Saloth Sar huyó a la jungla, donde se escondió en campamentos durante siete años, y desde allí intentó desbancar del trono al rey Sihanouk.

Pero el general Lon Nol, primer ministro, se le adelantó y dio un golpe no violento en marzo de 1970.

Mientras que Sihanouk había hecho todo lo posible por garantizar la neutralidad de Camboya, Lon Nol tomó una nueva dirección. A cambio de ayuda, EEUU podía utilizar bases en Camboya para atacar Vietnam.

Estalló una guerra civil que duró cinco años. Sihanouk, que había luchado a muerte contra los comunistas, y Saloth Sar parecían tener ahora un enemigo común: Lon Nol y su régimen. Con el lema "Luchamos para devolver el poder a Sihanouk", Saloth Sar y su nuevo movimiento guerrillero, los Jemeres Rojos, iniciaron una lucha armada contra el régimen militar.

El apoyo popular era fuerte, especialmente en el campo, que fue bombardeado por los B-52 estadounidenses. El objetivo de los aviones era romper las líneas de suministro del Ejército de Liberación Vietnamita Vietcong, que iban de Vietnam del Norte a Vietnam del Sur a través de Camboya. Pero las víctimas fueron principalmente campesinos camboyanos, que no tuvieron nada que ver y perdieron a sus familias y sus hogares en el devastador bombardeo.

El "hermano número uno", como llamaban sus aliados a Saloth Sar, no podría haber deseado un terreno más fértil para la revolución que estaba preparando. El campesinado estaba dispuesto a apoyar a cualquiera con tal de que cambiara la situación.

Así pues, al Jemer Rojo no le faltaron alimentos y, con las armas de sus aliados norvietnamitas, se hizo con el control en cada vez más zonas. Tras encarnizados combates cerca de la capital, el movimiento guerrillero salió victorioso: Lon Nol huyó de la devastada Phnom Penh con sus partidarios, y el 17 de abril de 1975 se inició una nueva era.

No sonaron ametralladoras ni llovieron granadas; de hecho, reinaba un silencio inusual en la capital. Pero cuando los guerrilleros vestidos de algodón negro y con pañuelos rojos desfilaron descalzos por las calles por la mañana, estallaron los vítores.

12

Los habitantes de Phnom Penh acogieron a los rebeldes como héroes de la libertad largamente esperados, sin saber que el cerebro del golpe quería realizar con ellos un experimento social. Pero no pasó mucho tiempo, en este inusualmente caluroso día de abril, antes de que los habitantes de Phnom Penh probaran el sufrimiento que les esperaba.

Pol Pot expulsa a la gente de las ciudades

Durante su exilio en la jungla, Saloth Sar había forjado grandes planes para el futuro de Camboya. La revolución marcaría el comienzo de una nueva era. 1975 fue el año cero, de la noche a la mañana Kampuchea Democrática, como se iba a llamar ahora la nueva nación, iba a ser un Estado campesino sin clases.

Se abolió el dinero y se prohibió la religión. Todos debían ser iguales, llevar la misma ropa y trabajar como hermanos por la misma causa.

Saloth Sar no estuvo presente en Phnom Penh el gran día, pero sí dio órdenes de expulsar a los dos millones de residentes de la capital pocas horas después de la toma del poder.

Todo el mundo tuvo que salir de sus casas, a la calle, los enfermos y moribundos fueron sacados de los hospitales, y en este caos general, la gente se reunió en una enorme procesión, en dirección a las comunidades donde debían cultivar arroz de ahora en adelante.

En el tumulto, las familias se separaron y los débiles y ancianos fueron asesinados. Otras 10.000 personas murieron durante la larga caminata hacia los arrozales en los días siguientes.

Este patrón se repitió en todo el país y, menos de una semana después, todas las ciudades se habían extinguido.

En los puestos de control situados a lo largo de las carreteras, se preguntó a los residentes por sus antecedentes. Los intelectuales y las personas bien educadas se utilizarían para reconstruir la nación. Pero cualquiera que cumpliera estaba condenado. Saloth Sar temía la resistencia de la élite, por lo que los jemeres rojos no tardaron en acabar con ellos: fueron ejecutados.

El 23 de abril de 1975, Saloth Sar regresó tranquilamente a la ciudad fantasma de Phnom Penh. Caminando por las calles desiertas, saboreó el dulce sabor de la victoria. Había aplastado al imperialismo y derrocado a los títeres de Estados Unidos. Por primera vez en más de 20 años, no conocía enemigos, y con la victoria en el bolsillo, el camino estaba despejado para su sociedad ideal.

Desaparece el apoyo a Pol Pot

Para marcar la nueva era, Saloth Sar puso fin a su pasado. Cortó los lazos con su familia y ahora se hacía llamar Pol Pot.

Tras más de un año de duro trabajo, presentó un plan cuatrienal a la dirección del partido en agosto de 1976. Los conceptos clave fueron la construcción y la defensa. En cuanto a la construcción, todo el país debía convertirse en un gran arrozal, y los ingresos de los excedentes de exportación de la cosecha debían utilizarse para construir fábricas especializadas en utensilios: muebles, zapatos, textiles y jabón.

Mientras tengamos arroz, lo tendremos todo", era el mantra de Pol Pot.

Al igual que la producción de arroz, la defensa de la nación era de gran importancia. Pol Pot insistía en que había que matar a los enemigos del Estado. Si somos lentos y débiles, el enemigo saboteará el país", afirmó.

Temiendo un ataque, Pol Pot pasó a la clandestinidad. Receloso de todo y de todos, siempre estaba rodeado de guardaespaldas y, en lugar de aparecer él mismo en público, enviaba a sus ministros. Fuera de la dirección del partido, pocos sabían quién detentaba el poder. Ni siquiera los hermanos de Pol Pot sabían que su hermano dirigía el país.

El objetivo de Pol Pot para su país pronto resultó inalcanzable. En sus cálculos sobre la producción de arroz, había sido demasiado optimista. La población trabajaba 16 horas al día en la tierra, pero no podía producir tres toneladas por hectárea, como exigía Pol Pot. Antes de la revolución, el cultivo de arroz en Camboya rendía una tonelada por hectárea. El triple era realmente imposible.

Los camboyanos no tenían suficientes fertilizantes ni maquinaria agrícola y, además, muchos procedían de zonas urbanas y apenas sabían nada de agricultura. No había suficiente arroz, y ya en el otoño de 1975 la población se moría de hambre. Al principio, todos recibían entre medio cuenco y un cuenco entero de arroz al día, pero la ración se fue reduciendo y, a la larga, no era más que un fondo.

Había hambrunas por todo el país, pero a Pol Pot no le importaba. Su objetivo era ganar dinero exportando arroz, y mientras sus compatriotas sucumbían en masa al hambre, las enfermedades o el agotamiento, él tenía grandes camiones cargados con la mitad de las cosechas de las comunidades.

A medida que aumentaba la hambruna, el pueblo apoyaba cada vez menos la revolución, y la situación no mejoró cuando Pol Pot interfirió en su fe. Los camboyanos habían sido budistas devotos durante miles de años, pero ahora su fe era vista como una ideología rival.

Pagodas, templos y monasterios fueron destruidos o convertidos en prisiones de tortura, de las que sólo unos pocos de los cerca de 50.000 monjes escaparon sanos y salvos.

Las posesiones personales eran escasas. Se llevaron de todo, desde cacerolas y gallinas hasta ganado y arados, ya que no se permitía a nadie poseer más que otro. Lo único que se permitía tener a los camboyanos era un traje negro, un pañuelo, un cuenco y una cuchara, que podían utilizar durante las comidas comunales, y eso también era una intromisión en la vida privada.

Antes de la revolución, las familias siempre comían juntas y la comida era un asunto social, pero a partir de 1975, hombres, mujeres y niños comen separados unos de otros en comedores vigilados.

En un intento de erradicar a los opositores políticos al régimen de Lon Nol, los Jemeres Rojos asesinaron a unos 200.000 ex soldados, policías y funcionarios en un año, desde septiembre de 1975. A pesar de todas las purgas, el enemigo estaba en todas partes, incluso en el partido. Al menos eso pensaba Pol Pot, que señalaba a los traidores como causantes de la crisis.

El lote está afectado por una enfermedad que no podemos precisar. Estamos buscando diligentemente estos microbios. Se esconden, pero con el progreso de nuestra revolución socialista los encontraremos", advirtió Pol Pot en una reunión del partido en 1976.

Unos meses más tarde, en un programa de radio, afirmó que el 2% de la población (unas 140.000 personas) eran "saboteadores, enemigos o traidores". Estos podrían ser exterminados al igual que las bacterias.

Pol Pot hace masacrar a la gente por la policía

Las fuerzas de seguridad de Santebal tenían las manos llenas, pero con las órdenes de Pol Pot, la carga de trabajo creció hasta nuevas cotas. Siguiendo el lema de que era mejor matar a 10 inocentes que dejar libre a un culpable, Santebal inició la caza de enemigos potenciales.

Había de todo: a los que llevaban gafas se les tachaba de intelectuales y había que matarlos por ello. También lo eran los extranjeros y los camboyanos con parejas extranjeras, sospechosos de ser agentes secretos. En 1978, unas 400.000 personas fueron masacradas en el este del país porque tenían, en palabras de Pol Pot, "un cuerpo jemer pero una mente vietnamita".

También corrió la sangre en la dirección del partido. Durante la tortura, los ministros y líderes de distrito se veían obligados a admitir todo tipo de pecados, como ser miopes o perezosos. Ambos eran punibles con la muerte. Se llevaron a la muerte a toda su familia: esposas, hijos, padres... a todos. Además de las personas cuyos nombres habían murmurado desesperados durante la tortura.

23

Pocos recibieron la bala, ya que ese método era demasiado caro. Más bien, se trabajaba la parte posterior de la cabeza con una barra de hierro o se desgarraba el abdomen. A veces se lanzaba a los bebés al aire y se les empalaba con una bayoneta.

Las fosas comunes de todo el país estaban abarrotadas de cadáveres, pero las purgas aún no habían producido los resultados deseados. El régimen estaba metido en problemas hasta el cuello, la gente se moría de hambre y Pol Pot seguía viendo traidores y saboteadores por todas partes.

Por su propia seguridad, se atrincheró tras los altos muros de las residencias de alta seguridad de Phnom Penh y sus alrededores.

Aquí estaba rodeado de sirvientes que nunca estaban seguros de su vida. Si a Pol Pot le dolía el estómago, pensaba que le estaban envenenando y mataban al cocinero. Si fallaba la electricidad o el suministro de agua, los capataces debían pagar con su vida estos desperfectos.

24

Juicio interno a Pol Pot

A principios de la década de 1980, murió Khieu Ponnary, la esposa de Pol Pot que había perdido la razón años antes, y en 1985, el líder partisano de 60 años se casó con Mea Son, unos 30 años más joven.

Un año después nació Sith, el único hijo de Pol Pot.

La familia llevó una vida relativamente tranquila en la selva durante varios años, pero cuando los Jemeres Rojos se enfrentaron a disidentes y divisiones internas a mediados de la década de 1990, Pol Pot se volvió totalmente paranoico y enloqueció.

El anciano ex dictador creía firmemente que sus compañeros de partido tramaban un golpe de Estado contra él. Envió a sus guardaespaldas a atacar al presunto cerebro del golpe, el ex ministro de Defensa Son Sen, incluida su esposa y sus familias. Un total de 14 niños y adultos murieron tiroteados y luego arrollados por un camión.

Tras esta bárbara masacre, Ta Mok, jefe militar supremo de los Jemeres Rojos, temió que ahora le tocara a él. Por ello, ordenó a sus hombres que detuvieran a Pol Pot, que huyó a la selva con su mujer y su hija. Al cabo de tres días, fueron capturados. El completamente exhausto Pol Pot estaba más muerto que vivo.

En un juicio espectáculo, Pol Pot, visiblemente debilitado, fue condenado a cadena perpetua el 25 de julio de 1997 por el asesinato de Son Sen y su familia y traición a los Jemeres Rojos.

Muerte al traidor Pol Pot, tiene las manos manchadas de sangre", gritaban antiguos partidarios de Pol Pot, que se sentaba en una silla de madera y se apoyaba constantemente en una vara de bambú.

El 23 de octubre de 1997, durante su arresto domiciliario, Pol Pot dio un excepcional

entrevista al periodista de la televisión estadounidense Nate Thayer. Pol Pot habló de su inminente muerte y respondió a preguntas sobre el genocidio: "En cuanto a mi conciencia y mi misión, no tengo problemas. Se cometieron errores, pero mi objetivo era liderar una revolución, no matar gente. Mírame, ¿parezco un hombre cruel?", preguntó retóricamente, respondiéndose a sí mismo: "¡No!

Durante los meses siguientes, Pol Pot enfermó cada vez más y apenas podía respirar sin máscara de oxígeno.

Cuando el 15 de abril de 1998, a las ocho de la tarde, como de costumbre, encendió la radio para escuchar las noticias, sus últimas constantes vitales se iban apagando. Al parecer, sus carceleros querían entregarlo al tribunal internacional para que fuera juzgado por sus crímenes contra la humanidad. Tras la emisión, Pol Pot dijo a su esposa que se sentía cansado y no muy bien. Unos minutos después, exhaló su último suspiro.

La historia de los Jemeres Rojos

Los Jemeres Rojos (en jemer: ខ្មែរក្រហម Khmêr Khrôm) fueron la rama militar del Partido Comunista de Kampuchea Democrática (actual Camboya). Jemer es el nombre del pueblo que habita Camboya. Se calcula que los Jemeres Rojos fueron responsables de la muerte de entre 1,7 y 2 millones de personas, de una población de 7 millones, entre 1975 y 1979, cuando estaban en el poder.

Ascenso y toma del poder

En las décadas de 1960 y 1970, los Jemeres Rojos libraron una guerra de guerrillas contra el gobierno del príncipe Norodom Sihanouk y el general Lon Nol. El movimiento había sido creado originalmente por los comunistas vietnamitas, que durante mucho tiempo mantuvieron un firme control. En realidad, muchas unidades estaban formadas por vietnamitas, e inicialmente los cuadros superiores estaban controlados por vietnamitas.

La llegada al poder de Lon Nol en 1970 vino acompañada de una extensión de la guerra de Vietnam a Camboya. A diferencia de Sihanouk, Lon Nol buscó el apoyo de Estados Unidos y Vietnam del Sur, y actuó con dureza contra el Vietcong y los Jemeres Rojos en Camboya. Los estadounidenses bombardearon intensamente las zonas controladas por los comunistas desde bombarderos B-52, arrasando también regularmente aldeas, ya que los B-52 no son bombarderos de precisión.

Los bombardeos estadounidenses, los incidentes entre las tropas survietnamitas y la población, y la mala gestión del gobierno de Lon Nol empujaron a la población a los brazos de los Jemeres Rojos, y el régimen de Lon Nol se derrumbó. El movimiento creció y en 1972 los vietnamitas se vieron obligados a reconocer a Pol Pot como aliado de pleno derecho en lugar de socio menor. Otra gran victoria política fue la alianza monstruosa con Norodom Sihanouk que los Jemeres Rojos concluyeron bajo presión china. El apoyo del antiguo rey resultó esencial para ganarse la confianza del pueblo.

Ya durante el avance de los Jemeres Rojos, Pol Pot quedó impresionado por la sencillez de los montañeses. Además, muchos jemeres rojos procedían del campo, muy primitivo, y no les gustaban las ciudades. Una vez que los

Jemeres Rojos tomaban una ciudad de provincia, la vida cotidiana solía reanudarse en cuestión de días, para consternación de Pol Pot. Si todo seguía como estaba, para él la revolución no serviría de nada. En ese momento, el partido ideó soluciones más radicales, como la deportación de la población, y empezó a ponerlas en práctica. Según Pol Pot, si la gente no quería cambiar, había que obligarles a convertirse en campesinos. También introdujo el sencillo uniforme negro que todos debían llevar. Se prohibieron las joyas y similares.

En abril de 1975, los Jemeres Rojos entraron en Phnom Penh después de que los líderes políticos y militares, así como la mayoría de los extranjeros, hubieran huido de la ciudad. Pol Pot se convirtió en el dictador de Camboya, pero Norodom Sihanouk fue nombrado jefe de Estado titular, lo que mejoró significativamente el prestigio de los Jemeres Rojos. Con el tiempo, Sihanouk se dio cuenta de que en la práctica no tenía nada que decir, por lo que dimitió como Jefe de Estado.

Pocos días después de la ocupación de Phnom Penh, los Jemeres Rojos evacuaron la ciudad y expulsaron a la población al campo. Funcionarios y soldados del ejército gubernamental fueron en algunos casos apartados y ejecutados. La dureza de las deportaciones variaba de un comandante a otro.

Mientras algunos comandantes permitían a la población llevarse sus pertenencias personales o regresar a su lugar de nacimiento, otros les obligaban a ir donde quisieran.

De los 2,5 millones de habitantes de Phnom Penh, 1,9 millones habían huido del campo a causa de la guerra, por lo que estaban razonablemente cómodos con su suerte.

Sin embargo, para los habitantes originales del pueblo fue una lucha cuesta arriba. No conocían a nadie y se encontraban en lo más bajo de la jerarquía. La desobediencia se castigaba con palizas o la ejecución.
31

Tampoco se reveló en esta primera etapa que los Jemeres Rojos luchaban por un partido comunista; simplemente hablaban de "Angkar" (la Organización).

Régimen de los Jemeres Rojos (1975-1979)

Las ciudades camboyanas fueron desalojadas y la población se vio obligada a trasladarse a granjas colectivas en el campo. Aquí tenían que trabajar de 12 a 14 horas diarias, siete días a la semana, en régimen de esclavitud. Las raciones eran mínimas. La mayoría de las veces había que dejar atrás los bienes personales.

La doctrina comunista se combinó con una ideología espartana de "vuelta a lo básico". Los jemeres rojos del campo tachaban a las ciudades de "malvadas", al igual que a los intelectuales, muchos de los cuales, además, habían trabajado para el régimen de Lon Nol. Muchos -

33

especialmente monjes, profesores, médicos, funcionarios, militares e intelectuales- fueron ejecutados, a menudo sin motivo o por delitos menores. Llevar gafas o ropa (civil) limpia, o poseer un libro (extranjero), o el conocimiento de una lengua extranjera era motivo suficiente para la ejecución.

En los colectivos, la gente se dividía en tres categorías: los de pleno derecho, los aspirantes y los deportados. Las personas con pleno derecho recibían el mejor trato y comida y podían unirse a la fiesta. Los aspirantes eran habitantes del campo y de la ciudad originarios del campo.
34

También ellos recibieron un trato algo mejor. Los deportados formaban una categoría residual de habitantes urbanos e intelectuales. Eran los peor tratados y los que menos comida recibían.

En las granjas colectivas se adoctrinaba intensamente a los aspirantes y a los que tenían pleno derecho. No se llevaban insignias de rango, pero la altura en rango de los cuadros del partido se medía por el número de bolígrafos y lápices que llevaban en el bolsillo del pecho del uniforme negro.

Además de la completa abolición orwelliana de las palabras que indican individualidad, se adoptó un método de autocrítica, en línea con la ideología maoísta. Uno no sólo tenía que escribir la historia de su propia vida y criticarla basándose en las enseñanzas, sino que incluso tenía que proclamar cada día sus propios errores en un contexto colectivo, así como las fechorías de los demás. Las infracciones incluían guardar o recoger alimentos para uno mismo, llevar un diario, insubordinación o rendimiento inadecuado. Los castigos por ello incluían la reducción de raciones, saltarse comidas, castigos corporales y ejecución. Se mantuvo deliberadamente a todo el mundo en un estado de miedo constante y desequilibrio psicológico, para que la gente ni siquiera pensara en resistirse o rebelarse. Las etnias vietnamita y cham sufrieron especialmente.

La familia fue abolida. Sólo Angkar determinaba quién podía procrear con quién y criaba a los hijos resultantes. Ya no se permitía el uso de palabras como "padre" y "madre". Los alimentos sólo debían consumirse colectivamente durante las comidas en el comedor. Incluso la recogida de fruta estaba prohibida porque eso sería "egocéntrico"; toda la fruta pertenecía al Angkar.

Reducir las raciones o negar la comida a alguien era un castigo popular que a menudo provocaba que la persona se pusiera demasiado enferma para trabajar, se quedara sin nada y finalmente muriera.

También se abolió el dinero y más tarde se desalentó incluso el trueque. Angkar proporcionaría lo necesario. Los que fabricaban o coleccionaban cosas por sí mismos eran "egocéntricos" y eran castigados por ello. Más tarde, Pol Pot decidió aflojar un poco las riendas y se hicieron planes para reintroducir el dinero.

Había poca cooperación o coordinación entre las distintas unidades de los Jemeres Rojos. Esto fomentó las atrocidades y la hambruna. Los mandos sabían que serían castigados si su actuación era inadecuada y, en cualquier caso, no querían ser los últimos. Esto creó una cierta competencia que condujo a la radicalización. La falta de coordinación favoreció la hambruna, ya que se dificultó la comunicación entre los territorios y también se desalentó o incluso prohibió el comercio. El Museo Tuol Sleng y los numerosos campos de exterminio (incluido Choeung Ek) siguen siendo los testigos mudos de los asesinatos masivos que tuvieron lugar.

37

Cerca de la frontera con Vietnam, en mayo y junio de 1978, Sao Phim -el líder regional de los Jemeres Rojos- inició la única rebelión interna contra el régimen comunista central. Este levantamiento fue reprimido y Sao Phim se suicidó. Su esposa e hijos fueron asesinados por los Jemeres Rojos durante su funeral.

Una vez que los Jemeres Rojos restauraron su poder central, todos los habitantes de la zona fueron condenados a muerte. De mayo a diciembre de 1978, entre 100.000 y 250.000 personas murieron en esta región. La aldea natal de Sao Phim fue completamente masacrada, con un saldo de 700 muertos.

Los supervivientes de la región tuvieron que llevar ropa azul en lugar de la negra. Los insurgentes supervivientes huyeron a Vietnam, donde más tarde se unieron a la entrada de Vietnam en Camboya para deponer a Pol Pot.

Líderes

- **Saloth Sar** (1925-1998), Hermano Número 1, apodado Pol Pot, líder efectivo de los Jemeres Rojos, primer ministro de Kampuchea Democrática (1976-1979) y secretario general del Partido

Comunista de Kampuchea (1963-1981), detenido en 1997 por orden de Ta Mok, que le sucedió como líder;

- **Lau Kim Lorn** (1926-2019), Hermano Número 2, apodado Nuon Chea y también Long Bunruot, portavoz parlamentario (1976-1979), vicesecretario general del Partido Comunista, condenado a cadena perpetua el 7 de agosto de 2014;

- **Ieng Sary** (1925-2013), Hermano Número 3, cuñado de Pol Pot, casado con Ieng Thirith, viceprimer ministro y ministro de Asuntos Exteriores (1975-1979), detenido en 2007, fallecido antes de la sentencia;

- **Ieng Thirith (**1931-2015, nacida Khieu Thirith), ministra de Asuntos Sociales, casada con Ieng Sary y hermana de Khieu Ponnary, la primera esposa de Pol Pot, padece Alzheimer, por lo que fue puesta en libertad en noviembre de 2011 y de nuevo en septiembre de 2012 tras revocar esa decisión;

- **Khieu Samphan** (*1931), Hermano Número 4, jefe de Estado de Kampuchea Democrática (1976-1979), responsable de las relaciones internacionales de los Jemeres Rojos después de 1979, condenado a cadena perpetua el 7 de agosto de 2014;

- **Chhit Choeun**, también Ng/Ung/Nguon/Eang/Ek Choeun/Eng/Kang (c. 1926-2006), Hermano Número 5, 6 o 7, apodado Ta Mok (abuelo Mok), jefe de Estado Mayor del Ejército Nacional de Kampuchea Democrática, último dirigente de los Jemeres Rojos;

- **Ke Vin** (1934-2002), Hermano Número 13, apodado Ke Pauk, secretario del partido en el norte de Camboya;

- **So Phim**, también Sao Pheum (1925-1978), Hermano Número 18, apodado So/Sao Vanna, a finales de la década de 1940 líder de los jemeres issarak que resistieron al dominio colonial francés, junto con su esposa e hijos víctimas de las purgas de 1978 en el este de Camboya, donde dirigía el ejército;

- **Son Sen** (1930-1997), Hermano Número 50 u 89, apodado Hermano Khiev/Khieu, ministro de Defensa, casado con Yun Yat, ejecutado con su familia por orden de Pol Pot;

- **Yun Yat** (1934-1997), ministro de Educación (1975-1977), sustituyó al ejecutado Hu Nim como ministro de Información y Propaganda en 1977, casado con Son Sen, ejecutado con él y otros miembros de la familia, niños incluidos, por orden de Pol Pot;

- **Tuork Penh** (1934-1978), apodado Vorn Vet, viceprimer ministro y ministro de Economía (1976-1978), ejecutado en diciembre de 1978;

- **Hu Nim** (1932-1977), ministro de Información y Propaganda, ejecutado en julio de 1977;

- **Kaing Guek Eav**, también Kang/Kaing Kek Ieu/Iev (1942-2020), apodado Douch, también Duch o

Deuch, profesor de matemáticas, jefe del centro de tortura S-21, condenado en apelación a cadena perpetua el 3 de febrero de 2012.

Expulsión y desintegración

A pesar del apoyo vietnamita, hubo constantes escaramuzas entre vietnamitas y camboyanos, incluso antes de la toma del poder en 1975. Vietnam era el archienemigo tradicional de los jemeres.

Era más grande y estaba más densamente poblada, había contribuido a la destrucción de la civilización jemer en el pasado y, a diferencia de Camboya, estaba muy influenciada por China.

43

El odio a los vietnamitas también estaba muy arraigado entre los Jemeres Rojos y el régimen adoptó una postura cada vez más provocadora.

Los temas de conflicto fueron los malos tratos a los inmigrantes vietnamitas en Camboya, las reivindicaciones camboyanas sobre los jemeres krom y un conflicto por unas islas en el golfo de Tailandia, frente a la costa camboyana, reclamadas por Vietnam. También molestaba la medida en que Vietnam intentaba ejercer influencia, lo que coincidía con los temores y envidias preexistentes de los camboyanos contra su gran vecino oriental vietnamita.

Pol Pot llevó a cabo importantes purgas antivietnamitas en 1976 y 1977. Los Jemeres Rojos incluso invadían regularmente el territorio fronterizo vietnamita, quemando y saqueando aldeas. A partir de 1977, los combates en la frontera fueron casi constantes.

Incluso un Vietnam comunista era visto como una amenaza, quizá aún más ahora que volvía a estar unido. Los Jemeres Rojos intentaron buscar el apoyo de la República Popular China. Pol Pot contaba con el apoyo de China si entraba en guerra con Vietnam. De este modo, se podría acabar con el "clientelismo" vietnamita y quizás el delta del Mekong podría volver a unirse a Camboya.

Los vietnamitas dieron descanso a varias expediciones de castigo y finalmente se decidieron por una operación militar a gran escala para expulsar a los Jemeres Rojos. En diciembre de 1978, un ejército de 150.000 vietnamitas invadió Camboya. Las débiles unidades jemeres rojos fueron arrolladas en dos semanas. Los vietnamitas ocuparon casi todo el país e instalaron un nuevo gobierno. China invadió Vietnam en la guerra chino-vietnamita, en parte para aliviar a los Jemeres Rojos.

Este plan fracasó; el ataque resultó insatisfactorio para los chinos y fue insuficiente para persuadir a los vietnamitas de que retiraran las tropas de Camboya. El apoyo también
45

llegó indirectamente de Estados Unidos, que se aseguró de que el puesto de Camboya en la ONU no pasara (por el momento) al nuevo régimen respaldado por Vietnam. Los vietnamitas fueron recibidos inicialmente por la población como libertadores, pero luego se hicieron cada vez más impopulares.

Tras la expulsión del régimen de Pol Pot por los vietnamitas, los Jemeres Rojos resistieron durante años desde la jungla camboyana. En la década de 1990, los Jemeres Rojos se habían retirado a las montañas de Dongrek, entre otros lugares. Contó con el apoyo de China y Tailandia, e indirectamente de Estados Unidos, que quería agotar así a Vietnam y a su aliado ruso.

Se abandonó radicalmente la ideología comunista y se disolvió el Partido Comunista, con la esperanza de crear buena voluntad entre la población y en el extranjero. Los Jemeres Rojos perdieron cada vez más apoyo y empezaron a desintegrarse durante la década de 1990. Varios líderes desertaron y el propio Pol Pot fue encarcelado por Ta Mok, uno de los principales comandantes, por "mal gobierno" en 1997. Nueve meses después, Pol Pot murió en circunstancias inexplicables.

Ideología

Angkar se adhirió a una ideología comunista, que en la práctica se basaba principalmente en el maoísmo. Otras influencias intelectuales fueron: El chovinismo de la élite jemer, el nacionalismo del Tercer Mundo, la Revolución Francesa y el comunismo estalinista.

Tras el (fallido) Gran Salto Adelante, Mao decidió que la agricultura sería la base de la economía china. Después de esto, Angkar decidió en 1977 el Super Gran Salto Adelante con la agricultura colectiva como base, en línea con la línea de Mao, ahora modificada. Angkar impulsó selectivamente esta línea maoísta mucho más allá de lo que Mao había hecho nunca.

Durante el Gran Salto Adelante, la dirección del partido del PCCh había anunciado "levantarse, comer, dormir, trabajar y hacer actividades después del trabajo conjuntamente", y esta línea fue adoptada estrictamente por el Angkar. Tras el fracaso del Gran Salto Adelante en China, los trabajadores excedentes tuvieron que regresar al campo. Justo entonces, Pol Pot visitaba a Mao, que acababa de deportar a 20 millones de trabajadores (con instalaciones razonables y comida suficiente) al campo, donde se convirtieron de nuevo en campesinos (sin instalaciones y con raciones marginales). Pol Pot superaría a su maestro Mao y se daría cuenta de ello con todos los habitantes de las ciudades. El himno nacional de Camboya bajo los Jemeres Rojos decía: "Construyamos nuestra patria para que pueda dar un gran salto adelante". Un inmenso, glorioso y progresivo gran salto adelante".

Pol Pot también tomó de Mao la represión de la vida familiar. En marzo de 1958, éste había proclamado que "(l)a familia, tal como quedó durante el comunismo

49

primitivo, será abolida. Tuvo un principio y tendrá un final. La familia es algo que no favorece la producción".

Tribunal

Tras muchos años de difíciles negociaciones, en 2004 se alcanzó finalmente un acuerdo entre las Naciones Unidas y Camboya sobre la formación de un Tribunal de Camboya para juzgar a varios ex dirigentes de los Jemeres Rojos. Varios políticos camboyanos se oponían a ello desde hacía tiempo por tener vínculos con los Jemeres Rojos o proceder de ellos. No obstante, el 3 de octubre de 2004 se decidió crear un tribunal. Sin embargo, este tribunal no tenía estatus internacional; formaba parte del sistema judicial camboyano.

En ese momento, aún podían ser juzgados cinco sospechosos clave y los últimos altos dirigentes del Jemer Rojo que quedaban: Nuon Chea (81), Ieng Sary (82), Khieu Sampan (76), Ieng Thirith (76) y Kaing Guek Eav (61).

Tres sospechosos ya no podían ser procesados. Pol Pot había muerto en 1998; su primera esposa, Kheiu Ponnary, había fallecido en 2003. Ta Mok, ex comandante y "Hermano Número 5", fue detenido por el ejército

camboyano en marzo de 1999; murió en un hospital militar
en 2006 sin haber sido juzgado.

Kaing Gue Eav

Kaing Guek Eav (Choyaot, 17 de noviembre de 1942 -
Phnom Penh, 2 de septiembre de 2020), apodado
"Camarada Duch", fue el alcaide de la prisión S-21 de
Phnom Penh durante el régimen de los Jemeres Rojos.

De profesor de matemáticas a director de prisión

Kaing Guek Eav estudió matemáticas en el Lycée
Suravarman II de Siem Reap. En 1962 obtuvo la primera
mitad del bachillerato y ese mismo año obtuvo la segunda
mitad del bachillerato en el famoso Lycée Sisowath de
Phnom Penh. Era el segundo mejor del país. Se hizo
profesor de matemáticas y siguió siéndolo hasta que entró
en contacto con un grupo de estudiantes de la China
comunista en Phnom Penh. A causa de este contacto,
tuvo que ir a la cárcel. Allí se avivó su simpatía por el
comunismo. Tras su liberación, se afilió al Partido
Comunista, donde ascendió hasta convertirse en jefe del
servicio de seguridad. En 1975, los comunistas Jemeres
Rojos tomaron el poder e iniciaron una nueva Camboya.
Debía ser un paraíso campesino; todo lo contrario era
exterminado. Kaing Guek Eav se convirtió en comandante

de la prisión S-21 de Phnom Penh y supervisó personalmente las torturas. Cualquiera puede acabar en esta prisión; por robar una patata, llevar gafas o utilizar sin cuidado palabras inglesas o francesas. Incluso hizo matar a su ayudante más cercano al final de su reinado. Llevaba un registro meticuloso de lo que le ocurría a cada prisionero. Se encontró una lista de nombres de prisioneros en la que estaba escrito "Matadlos a todos", firmado por él.

Christian

Tras la caída del régimen, siguió viviendo bajo el nombre de Hang Pin. Alrededor de 1996, se convirtió al cristianismo y fue bautizado en el río Sangke junto con muchos otros por el pastor estadounidense Christopher LaPel.

Tribunal de Camboya

En 1999, el periodista Nic Dunlop lo reconoció en la única fotografía que se conservaba de él y se entregó a la policía. Hasta ahora es el único miembro del régimen de los Jemeres Rojos que ha confesado plenamente su culpabilidad y ha expresado su arrepentimiento. Todos los crímenes que tuvieron lugar en el S-21 (...) ocurrieron por orden mía", declaró Kaing Guek Eav. Confesó haber torturado a personas él mismo. Si la lapidación fuera una costumbre camboyana, podrían imponérmela. Lo aceptaría", dijo con lágrimas en los ojos a una mujer cuyo marido e hijos fueron asesinados en Tuol Sleng.

El 26 de julio de 2010, después de que los fiscales pidieran una condena de 40 años, el Tribunal de Camboya condenó a Kaing Guek Eav a 35 años de prisión incondicional por crímenes de lesa humanidad. Se le impuso la pena máxima de cadena perpetua porque había cooperado plenamente y confesado todo durante el juicio, dijeron los jueces en su veredicto.

Sin embargo, cuando se supo que se descontarían cinco años de los 35 impuestos por haber estado detenido tanto tiempo sin cargos formales, es decir, ilegalmente, y que además se descontaría de la condena final la totalidad de los 11 años de prisión preventiva, se produjeron escenas emotivas en el tribunal construido a tal efecto en las afueras de Phnom Penh, en las que familiares de las víctimas expresaron su descontento con la administración de justicia. Aunque muchos habrían considerado que la cadena perpetua seguía siendo indulgente, pronto quedó claro que, tras la deducción, sólo quedaban 19 años del veredicto de 35 años, de modo que, si el verdugo de sus seres queridos se portaba bien, quedarían en libertad condicional tras no más de 11 años.

Que el propio Kaing Guek Eav tampoco estaba de acuerdo con su condena quedó patente apenas un día después, cuando anunció a través de su abogado camboyano que la recurriría.

Nuon Chea

Nuon Chea, nacido Lau Kim Lorn, también llamado Long Bunruot, apodado entre otros Hermano Número 2 (Battambang, 7 de julio de 1926 - Phnom Penh, 4 de agosto de 2019), fue un ideólogo jefe camboyano de los Jemeres Rojos y lugarteniente de Pol Pot. Nuon Chea fue detenido en septiembre de 2007 y ha sido acusado por el Tribunal Especial para Camboya de crímenes contra la humanidad y crímenes de guerra. Se le considera uno de los principales culpables de los crímenes cometidos por el régimen entre 1975 y 1979, que causaron más de un millón de muertos.

De por vida

Nuon Chea estudió Derecho en Bangkok a finales de la década de 1940, donde se afilió al Partido Comunista tailandés. Tras regresar a Camboya, se unió a los Jemeres Rojos. Hizo una carrera fulgurante y acabó convirtiéndose en vicesecretario del Partido de los Trabajadores de Kampuchea, que pasó a llamarse Partido Comunista de Kampuchea en 1966, el puesto número 2 dentro del partido de los Jemeres Rojos. Cuando los maoístas tomaron la capital, Phnom Penh, en 1975, se convirtió en primer ministro del régimen siguiente, formando parte del comité central permanente del partido comunista. Según Duch (Kaing Guek Eav), otro acusado en el Tribunal de Camboya, Nuon Chea es en gran parte responsable de la prisión especial S-21 (Tuol Sleng), donde se torturaba y asesinaba a los presos.

Tras la captura de Camboya por Vietnam en 1979, Camboya se transformó en la República Popular de Kampuchea, tras lo cual Nuon Chea se retiró a la jungla. En 1998, tras el fin definitivo de los Jemeres Rojos, llegó a un acuerdo con el entonces gobierno camboyano que le permitió no ser perseguido durante un largo periodo de tiempo, y desde entonces vive en la ciudad de Pailin, cerca de la frontera tailandesa.

Nuon Chea y Khieu Samphan fueron condenados por el tribunal de Phnom Penh el 7 de agosto de 2014. Fueron condenados a cadena perpetua por crímenes contra la humanidad durante su destacado papel en el régimen de los Jemeres Rojos en los años 1975-1979. En 2018 volvieron a recibir la misma condena por genocidio. Nuon Chea estuvo asistido por el abogado holandés Victor

Koppe durante su juicio. Sobre su defensa se realizó el documental Defending Brother No 2.

Nuon Chea murió en prisión a los 93 años.

www.ingramcontent.com/pod-product-compliance
Lightning Source LLC
LaVergne TN
LVHW010020200726
843495LV00015B/1848